Sukoon Ka Safar

Dil Ke Alfaaz

Poems by Syeda Sabiha

Sukoon Ka Safar

Dil Ke Alfaaz

Poems by Syeda Sabiha

First Edition, 2026

ISBN: ____________________ (to be assigned)

Published by: Syeda Sabiha

Cover design: ____________________

Printed in: ____________________

Author contact: ____________________

Dedication

Yeh kitaab meri kahaani nahi... meri seekh hai.

Agar ismein aapko apna aks nazar aaye,

toh samajh lijiye hum kabhi anjaan the hi nahi.

Preface

Sukoon Ka Safar is a journey through the quiet places of the heart. It begins where emotions first ask for a voice, passes through silence, love, distance, self-discovery, choices, and lessons, and finally reaches the kind of peace that comes from trusting Allah.

These poems are not written to explain every pain. Some feelings are too delicate to be explained fully. They are written to sit beside the reader, to offer softness where life has been heavy, and to remind the heart that healing often arrives quietly.

If any page feels familiar, perhaps it is because every heart, in its own way, has walked a part of this road.

Contents

PART I

Dil Ki Awaaz

Jab dil lafzon ka sahara leta hai.

Kuch baatein zubaan tak nahi aati,
Bas kaghaz par utar kar halki ho jaati hain.

Dil Ki Baghawat

Kabhi kabhi dil baghawat karta hai,
Khamoshi se inkaar karta hai.

Jo alfaaz honton tak na aa sake,
Unka hisaab maangta hai.

Main samjhati hoon,
Har dard ka waqt hota hai.

Dil muskura kar kehta hai,
Main dard se nahi darta,
Bas chahta hoon
Tu meri awaaz sun le.

Ehsaas

Kabhi kabhi
Ek choti si baat bhi
Dil ko gehra chhoo jaati hai.

Log kehte hain,
Itna mehsoos mat kiya karo.

Magar main kya karun?

Mera dil
Pathar nahi hai.

Jo baat kisi ke liye
Bas ek lamha hoti hai,

Woh mere andar
Ek poori kahaani ban jaati hai.

Raat gehri ho jaati hai,
Chai thandi,
Aur main wahi ek jumla
Baar baar sochti reh jaati hoon.

Dil Ki Baat

Aaj dil ne
Bohat der baad
Mujhse baat ki.

Kehne laga,

Tu sabko samajhti rahi,
Kabhi mujhe bhi samajh leti.

Main chup rahi.

Phir dil ne muskura kar kaha,

Main naraaz nahi hoon,
Bas thak gaya hoon
Har baar chup reh kar.

Zakhm

Kuch zakhm
Khoon nahi dete,

Bas aadmi ko
Andar se khamosh kar dete hain.

Log poochte hain,
Kya hua?

Main muskura deti hoon.

Kaise bataun,

Jo toot gaya hai
Woh chehra nahi,

Bharosa tha.

Aaj Dil Udaas Hai

Aaj dil udaas hai,

Kisi wajah se nahi,
Shayad har wajah se.

Khidki ke bahar baarish nahi hai,
Phir bhi sab kuch
Bheega bheega sa lagta hai.

Kuch baatein yaad aa rahi hain,
Kuch log bhi.

Aur kuch main khud.

Main dil ko samjhati hoon,

Har raat ka kaam
Sirf andhera lana nahi hota.

Kabhi kabhi
Dil ko jawab nahi,
Bas kisi ka paas baithna chahiye hota hai.

Umeed

Main ne umeed ko
Kabhi marne nahi diya.

Kabhi woh aansuon mein chhupi rahi,
Kabhi duaon mein.

Kabhi khamoshi ke kone mein
Baithi rahi chup chaap.

Magar gayi nahi.

Shayad isi liye
Main aaj bhi kehti hoon,

Zindagi mushkil zaroor hai,

Magar Allah ki rehmat se
Badi nahi.

PART II

Khamoshiyan

Har khamoshi kuch keh jaati hai.

Khamoshi kamzori nahi hoti,
Kabhi kabhi woh dil ka sabse sachcha sahara hoti hai.

Khamoshi

Khamoshi kabhi khaali nahi hoti.

Kabhi dua ban jaati hai,
Kabhi aansuon ki zubaan.

Log use kamzori samajhte rahe,
Main use apni taqat banati rahi.

Jab alfaaz saath chhod gaye,
Khamoshi ne mera haath thaam liya.

Tanhai

Tanhai pehle
Saza lagti thi.

Jaise duniya ne
Mujhe alag kar diya ho.

Phir dheere dheere samajh aaya,

Kuch mulaqatein
Bheed mein nahi hoti.

Khud se milne ke liye
Kabhi kabhi
Akela rehna padta hai.

Ab tanhai dard nahi deti,

Bas sach bolti hai.

Intezaar

Intezaar ne mujhe
Bohat kuch sikhaya.

Har cheez waqt par nahi milti,
Aur har der
Saza nahi hoti.

Kabhi Allah
Rok kar bhi bachata hai.

Kabhi khaali haath
Dua ke qareeb le aate hain.

Ab main intezaar se darti nahi,

Kyunki jo mere haq mein hoga,
Woh raasta dhoond lega.

Yaadein

Yaadein ajeeb hoti hain.

Na poori tarah chhodti hain,
Na poori tarah saath rehti hain.

Kabhi ek muskurahat ban kar aati hain,
Kabhi aankhon mein nami.

Kabhi purane dupatte ki tah mein milti hain,
Kabhi adhoori chai ki pyaali mein.

Main ne unse ladna chhod diya hai.

Jo guzra,
Woh mera hissa tha.

Aur jo hissa ban jaaye,

Use mitaaya nahi jaata,
Samjha jaata hai.

Marham

Har zakhm ko
Awaaz ki zaroorat nahi hoti.

Kuch dard
Bas waqt ke saath
Dheere dheere halka hote hain.

Main ne bhi seekh liya,

Har baat ka jawab dena
Zaroori nahi.

Kabhi sabr
Sabse khoobsurat marham ban jaata hai.

Aur kabhi Allah
Bina shor ke
Dil theek kar deta hai.

Sabr

Sabr ka matlab
Kamzor hona nahi.

Sabr ka matlab hai,

Dil toot raha ho
Phir bhi zabaan se
Shikayat kam nikalna.

Aankhon mein aansu hon
Phir bhi dua chhod na dena.

Rasta lamba ho
Phir bhi yaqeen zinda rakhna.

Sabr woh taqat hai
Jo sirf Allah par bharosa karne walon ko
Samajh aati hai.

PART III

Mohabbat Aur Judaai

Mohabbat sirf milna nahi, samajhna bhi hai.

Kuch log milkar bhi door rehte hain,
Aur kuch bichhad kar bhi duaon mein rehte hain.

Mohabbat

Kisne kaha mohabbat barbaad kar deti hai?

Kabhi kabhi woh
Ek aam insaan ko
Shayar bana deti hai.

Mohabbat milne ka naam nahi,
Dil ko gehra kar dene ka naam hai.

Jo mila,
Uska shukr.

Jo na mila,
Uska bhi ek matlab tha.

Khwahish

Meri kuch khwahishein
Bohat saada si thi.

Na chand maanga,
Na sitare.

Bas thoda sa waqt,
Thodi si samajh,
Koi jo bina kahe poochh le,
Khana khaya ya nahi.

Aur ek aisa dil
Jo meri khamoshi bhi sun sake.

Magar zindagi ne sikhaya,

Har khwahish poori ho
Zaroori nahi.

Kuch khwahishein
Dua ban kar
Aur khoobsurat ho jaati hain.

Shikayat

Mujhe shikayat thi.

Apnon se bhi,
Bichhadne walon se bhi,
Aur kabhi kabhi khud se bhi.

Phir ek din
Dua mein baith kar samjha,

Har sawaal ka jawab
Logon ke paas nahi hota.

Kuch jawab
Allah waqt ke saath deta hai.

Ab shikayat kam hai,

Bas itni si arzoo hai,

Jo samajh na aaye,
Us par bhi sabr aa jaaye.

Judaai

Judaai hamesha
Nafrat se nahi hoti.

Kabhi kabhi
Do log door ho jaate hain,

Bina bure bane,
Bina ilzaam diye.

Bas raaste alag ho jaate hain.

Jaise station par do gaadiyan,
Ek pal saath rukti hain,
Phir apni apni patri par nikal jaati hain.

Shayad

Har doori haar nahi hoti.

Kuch judaaiyan
Insaan ko khud ke qareeb kar deti hain.

Dooriyan

Dooriyan ajeeb hoti hain.

Kabhi faasla badha deti hain,
Kabhi sach dikha deti hain.

Jo qareeb ho kar bhi
Mehsoos na ho,

Woh door hi the.

Aur jo door ho kar bhi
Dua mein yaad aaye,

Woh apne the.

Main ne ab faaslon se ladna chhod diya hai.

Jo Allah ke likhe mein hoga,
Woh wapas raasta bana lega.

Qubooliyat

Qubool karna
Aasan nahi tha.

Jo chaha tha,
Woh mila nahi.

Jo mila,
Uski wajah samajh nahi aayi.

Magar waqt ne dheere se kaha,

Har kami
Saza nahi hoti.

Kabhi Allah
Kuch cheezein rok kar
Dil ko tootne se bachata hai.

Ab main kehti hoon,

Jo mila,

Rehmat thi.

Jo na mila,
Hikmat thi.

PART IV

Khud Se Mulaqat

Sabse lamba safar khud tak pahunchne ka hota hai.

Duniya se milte milte,
Ek din insaan khud se milna seekh leta hai.

Badlav

Log kehte hain main badal gayi.

Haan...

Badli hoon.

Zindagi ne jo sabaq diya,
Use sirf suna nahi,
Jeeya hai.

Ab har baat par bikharna chhod diya hai.

Ab aaine ke saamne khadi hoti hoon
Toh nazrein nahi churati.

Main kisi aur nahi bani...

Bas apni behtar soorat se mil li.

Himmat

Main har baar
Mazboot ban kar nahi uthi.

Kabhi ro kar uthi,
Kabhi toot kar.

Kabhi bas itni himmat thi
Ke ek aur din guzar jaaye.

Kabhi himmat bas itni thi,
Subah uth kar baal bandh lena,
Aur duniya ke saamne muskura dena.

Magar phir bhi uthi.

Aur shayad
Himmat isi ka naam hai.

Toot kar bhi
Allah se kehna,

Main thak gayi hoon,

Magar haar nahi maani.

Pehchaan

Main khud ko
Bohat der tak
Dusron ki nazron se dekhti rahi.

Kisi ki pasand,
Kisi ki naraazgi,
Kisi ki baat.

Phir ek din
Dil ne poocha,

Tu khud apne baare mein
Kya sochti hai?

Us din samajh aaya,

Pehchaan duniya nahi deti.

Insaan khud ko
Qubool kar ke
Apni pehchaan paata hai.

Aitbaar

Mujhe khud par aitbaar
Dheere dheere aaya.

Pehle har faisle se darr lagta tha,
Har qadam par shak hota tha.

Phir zindagi ne sikhaya,

Galti karna
Khatam ho jaana nahi hota.

Gir kar seekhna bhi
Ek rehmat hai.

Ab main apne dil se kehti hoon,

Tu perfect nahi,
Magar sachchi hai.

Aur sachchai
Aitbaar ke laayak hoti hai.

Dil Se Sulah

Main ne apne dil se
Sulah kar li.

Ab use har waqt
Mazboot banne ko nahi kehti.

Kabhi kabhi use
Rone bhi deti hoon.

Kabhi chup rehne deti hoon.

Kabhi bas
Dua mein rakh deti hoon.

Dil bhi toh mera hi hissa hai.

Use samajhna
Khud se mohabbat ka
Pehla qadam tha.

Nayi Shuruaat

Nayi shuruaat ka matlab
Sab kuch bhool jaana nahi hota.

Kuch yaadein saath chalti hain,
Kuch sabaq bhi.

Bas farq itna hota hai,

Ab hum unhe
Bojh bana kar nahi uthate.

Main aaj bhi wahi hoon,

Magar ab mere qadam
Darr se nahi,

Yaqeen se uthte hain.

PART V

Faisle Aur Sabaq

Har faisla ek naya ustad tha.

Zindagi ne har mod par kuch liya zaroor,
Magar badle mein ek seekh de gayi.

Faisle

Har faisla sahi nahi tha.

Har faisla galat bhi nahi tha.

Us waqt jitni samajh thi,
Utna hi raasta dikh raha tha.

Kuch mod dard tak le gaye,
Kuch roshni tak.

Aaj mud kar dekhti hoon,

Pachtawa kam hai...

Seekh zyada hai.

Majbooriyan

Majbooriyan bhi
Insaan ko badal deti hain.

Kabhi chup rehna padta hai,
Kabhi muskurana.

Mehmaanon ke saamne chai le aana,
Jab andar sab kuch toota ho.

Kabhi woh faisle karne padte hain
Jo dil nahi chahta.

Pehle main sochti thi,
Yeh sab mere khilaaf hai.

Ab lagta hai,

Kabhi kabhi zindagi
Sakht ho kar bhi
Humein sambhalna sikha rahi hoti hai.

Galat Ya Sahi

Har faisla
Us waqt galat nahi lagta.

Insaan wahi chunta hai
Jo us pal
Usse behtar lagta hai.

Baad mein samajh aata hai,
Kahan jaldi thi,
Kahan bharosa zyada tha.

Main ne apne faislon ko
Maaf kar diya hai.

Kyunki woh bhi
Meri samajh ke us daur ke
Sach the.

Anjaam

Har raaste ka
Ek anjaam hota hai.

Kuch manzil tak le jaate hain,
Kuch sabaq tak.

Kuch log milte hain
Khushi dene ke liye,

Kuch log
Humein apni qeemat samjhaane ke liye.

Ab main har anjaam se
Ladti nahi.

Jo khatam ho gaya,
Shayad wahi tak likha tha.

Seekh

Zindagi ne mujhe
Kitabon se zyada sikhaya.

Kabhi logon ke rawaiye se,
Kabhi apni khamoshi se.

Kabhi haar se,
Kabhi intezaar se.

Ab main dard ko
Sirf dard nahi kehti.

Kuch dard
Ustad ban kar aate hain.

Aur jab chale jaate hain,

Insaan pehle jaisa
Nahi rehta.

Kal Se Behtar

Main har din
Behtar nahi hoti.

Kabhi purani baatein
Phir se chubh jaati hain.

Kabhi purana dard
Naye aansu le aata hai.

Magar phir bhi,

Aaj ki main
Kal wali main se
Thodi zyada samajhdaar hoon.

Thodi zyada sabr wali.

Thodi zyada apni.

Aur shayad
Yahi badhna hai.

PART VI

Sukoon

Jab dil Allah par bharosa karna seekh leta hai.

Sukoon bazaar mein nahi milta,
Woh dil ke jhuk jaane par milta hai.

Sukoon

Aakhir samajh aaya,

Sukoon
Manzil nahi hota.

Woh har us lamhe mein hota hai
Jahan dil
Shikayat chhod kar
Shukr ada karna seekh le.

Aur phir...

Dua sirf maangti nahi,

Muskurana bhi sikha deti hai.

Shukr

Shukr ne mujhe
Nayi nazar di.

Pehle main dekhti thi
Kya nahi mila.

Ab sochti hoon,
Kitna kuch bin maange mil gaya.

Saans,
Dua,
Rizq,
Apne,

Aur woh himmat
Jo har tootne ke baad
Mujhe sambhal leti hai.

Alhamdulillah,

Dil halka ho jaata hai
Jab shikayat ki jagah

Shukr aa jaata hai.

Dua

Dua mere liye
Sirf maangna nahi.

Dua woh jagah hai
Jahan main
Bina samjhaaye samajh li jaati hoon.

Jahan aansu bhi
Alfaaz ban jaate hain.

Jahan dil ke bojh
Halka hone lagte hain.

Log poochte hain,
Kis se kehti ho sab?

Main muskura kar kehti hoon,

Jise sab pata hai,
Usi se.

Tawakkul

Tawakkul ka matlab
Bas keh dena nahi,

Allah behtar karega.

Tawakkul tab hota hai
Jab dil toota ho,
Raasta dhundhla ho,

Phir bhi insaan kehta hai,

Mujhe samajh nahi aa raha,
Magar Tujh par bharosa hai.

Aur sach yeh hai,

Jahan samajh khatam hoti hai,
Wahin se yaqeen shuru hota hai.

Rehmat

Pehle mujhe lagta tha
Rehmat sirf khushi mein hoti hai.

Phir waqt ne bataya,

Kabhi bach jaana bhi rehmat hai.

Kabhi na milna bhi.

Kabhi toot kar
Allah ke qareeb aa jaana bhi.

Ab jab mud kar dekhti hoon,

Har zakhm mein
Ek chhupi hui rehmat thi.

Bas us waqt
Meri nazar dard par thi.

Sukoon Ka Safar

Sukoon mujhe
Achaanak nahi mila.

Main dard se guzri,
Khamoshi se guzri,
Mohabbat aur judaai se guzri.

Khud se mili,
Faislon ko samjha,
Sabaq qubool kiye.

Phir ek din
Dil ne dheere se kaha,

Ab bas.

Ab har cheez ka jawab
Zaroori nahi.

Jo Allah ke hawale kar diya jaaye,

Woh bojh nahi rehta.

Wahin se
Mera sukoon shuru hua.

Author Note

Sukoon is not always found in having every answer. Sometimes it begins when the heart stops fighting every question and learns to leave what it cannot carry with Allah.

May these poems meet every reader with gentleness, and may every difficult chapter of life lead to a quieter, stronger kind of peace.

About the Author

Syeda Sabiha is a writer, mother, and lifelong learner who believes that healing begins when the heart finds honest words. She writes in simple Urdu and Hindi so that every reader, regardless of age or background, can find themselves in her poetry.

After her previous work introducing children and families to the 99 Beautiful Names of Allah, Sukoon Ka Safar is her most personal offering yet: a collection born from lived pain, patience, and faith. Through these poems, she hopes every reader discovers that sukoon is not found in having every answer, but in learning to leave what the heart cannot carry with Allah.

www.ingramcontent.com/pod-product-compliance
Lightning Source LLC
LaVergne TN
LVHW090335210926
848480LV00004B/1418